Prix : 25 centimes

Pour créer, il faut exister!

C'est un axiome de la force de plusieurs La Palisse.

Avant la création, Dieu existait donc, puisqu'il créa le Ciel, dont il a fait sa résidence habituelle.

Mais auparavant il n'y avait rien du tout, c'était le néant; on demande où demeurait alors le Père éternel et le nom de sa femme de ménage?

Dans l'endroit inconnu qu'il habitait et où il s'amusait comme un sapeur de planton, le père Bon Dieu résolut de créer le monde.

Comme il faut voir clair à ce que l'on fait, il alluma un lampion, puis, l'accrocha au plafond de la rue.

Dieu se mit à l'œuvre et créa toutes sortes d'animaux qu'il parqua dans un jardin d'acclimatation où ils vivaient en bonne intelligence et se divertissaient.

Après avoir peuplé la terre, il fallut peupler les eaux, alors les poissons furent mis au monde ; tels que les harengs-saurs, les sardines à l'huile, le thon mariné, les soles au gratin, etc., etc.

Il manquait un animal à la collection; l'homme fut donc créé, appelé Adam et placé dans la ménagerie, où, au milieu des bêtes, il s'amusait comme dans un conseil municipal.

Sapristi! dit le père Bon Dieu, tout un chacun des autres animaux a sa chacune, pourquoi Adam n'en aurait-il pas une? Alors, il le magnétisa et, pendant son sommeil, il lui extirpa sans douleur une côte avec laquelle......

Il forma un joli petit animal du sexe auquel nous devons les portières et les belles-mamans. Elle prit le nom d'Ève. A son réveil, Adam fut épaté ! !

Ils étaient heureux ! ! !

Adam se laissait coiffer de roses en attendant mieux.

Ce qui ne tarda pas, Ève ayant fait la connaissance d'un serpent libidineux ; d'où il advint que pour une pomme. . . . .
A présent çà coûte plus cher.

En apprenant la conduite légère de Mme Adam, papa Bon Dieu envoya dare dare son garde champêtre qui flanqua les deux époux dehors de son jardin.

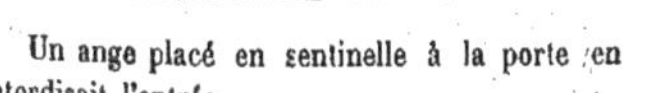
Un ange placé en sentinelle à la porte en interdisait l'entrée.

Adam et Ève furent obligés de gagner leur pauvre vie à la sueur de leur pauvre front pour vivre pauvrement avec leurs pauvres enfants, Caïn et Abel. Comme ils étaient seuls sur terre, leurs pauvres recettes leur faisaient faire de pauvres repas.

Prix : 25 centimes

Abel était marmiton et offrait au Seigneur un plat de haricots au lard, dont celui-ci raffollait parce que, sans doute, il lui procurait de douces jouissances.

Tandis que Caïn qui était jardinier tirait des carottes d'une telle longueur, qu'elles lui assuraient les reproches du Père Éternel.

Caïn jaloux des succès de son frère le tue pour l'apprendre à vivre.

Après le meurtre, Caïn maudit devient vagabond, il erre dans la forêt de Bondy *poury* trouver un coin où y enfouir ses remords.

Jusqu'à ce qu'il se décidât à se faire vidangeur, afin de se préserver des tentations de la gourmandise, et d'obtenir le pardon de son crime en menant une vidange.

Les hommes se livrèrent à la débauche en compagnie des pieuvres du boulevard. Ça fait loucher papa Bon Dieu qui prend la résolution de détruire la création. Tout y passera, les bons comme les mauvais.

Mais, Noé, averti par son ami Mathieu, Lanceblague qu'il y aurait une grande inondation, achète un bateau à vapeur d'occasion pour s'en préserver lui et toutes sortes de bêtes. — Fondation de la Société protectrice des animaux.

Excepté ce qui était enfermé dans le bateau de Noé, tout périt, même des poissons furent noyés, par la trop grande quantité d'eau, mais il en resta, toutes les espèces ne furent pas *des truites*....

Noé fait du vin.

Il en boit! Origine de la première culotte.

Il en a tant bu qu'il s'endort dans une posture qui fait rigoler son fils Cham.

Tandis que ses autres fils, Sem et Japhet, vont respectueusement à reculons couvrir la nudité de leur papa. Invention de la feuille de vigne à l'usage des statues.

Après sa cuvée, le père Noé témoigna sa satisfaction à ses fils respectueux.

Prix : 25 centimes

Le père Abraham voyant que sa femme Sara ne lui donnait pas d'héritier s'adressa à sa bonne à tout faire, qui...

Mit au monde un beau garçon auquel on donna le nom d'Ismaël, qui signifie en hébreu : *le doigt dans le nez*.

Au moment où on s'y attendait le moins, Sara se trouva dans une position intéressante, après 99 ans de mariage. Dans sa joie, Abraham se livre à un cancan à se faire mettre *à la porte du bal* le plus mal fréquenté.

A son tour, Sara mit au monde un fils appelé Isaac, qui veut dire en hébreu : *Trompe la mort.*

Le père Abraham prodigue tous ses soins à la nourrice et l'abreuve de vieux bordeaux pour lui donner du lait.

Ismaël et Isaac n'étaient pas toujours d'accord.

Pour avoir la paix dans son ménage, Abraham fut obligé d'envoyer Agar et son rejeton voir aux Buttes-Chaumont s'il y poussait des fraises.

Les habitants de Sodome déplurent tellement à Dieu, que celui-ci prit la résolution de les rôtir; à cet effet, il dépêcha un ange *très zélé* pour arroser la ville avec un canon à pétrole et y mettre le feu.

Tandis qu'un autre ange, très zélé aussi, empêchait les pompiers d'aller éteindre l'incendie.

Tout le monde fut grillé ; cependant Loth, sa femme et ses deux filles purent se sauver en emportant des objets de première nécessité.

A la vue de l'incendie Mme Loth est tellement saisie de frayeur que ça la change.

Sacrifice d'Abraham; qu'on devrait plutôt appeler le sacrifice d'Isaac.

Heureusement que le garde champêtre arrive à temps pour arrêter Abraham et le conduire à Charenton.

Isaac se sentant des velléités de mariage dit un jour à son cocher Eliezer : Attelle les chameaux et va à Bagnolet me chercher une épouse; ne reviens pas sans ça ou je te donne tes huit jours.

Eliezer rencontra Rebecca auprès d'une fontaine, en train de puiser de l'eau; il lui fit des propositions matrimoniales qui furent acceptées et il l'emmena.

Isaac, à la vue des chameaux, s'écria : Voilà ma future.

C'était Rebecca venant donner sa main à Isaac.

Prix : 25 centimes

Et ensuite le jour à deux jumeaux, Ésaü et Jacob ; *l'aîné* était très poilu (*poilusus erat,* dit l'Écriture) ; tandis que Jacob, qui ne l'était pas, avait la *peau lisse*.

Devenu grand, Ésaü, qui avait la passion de la chasse prit un port d'armes et se livra à cette distraction.

Jacob, d'humeur paisible, se plaisait dans la société des lapins qu'il élevait, et dans celle de sa mère qui le chérissait.

Un jour qu'il revenait de la chasse *à courre*.... de gibier, Ésaü affamé céda à Jacob son droit d'aînesse pour une marmitée d'andouilles aux pois sucrés qu'il se mit à dévorer.

Le père Isaac, atteint de cécité, voyant qu'il n'y voyait plus, s'aperçut qu'en perdant la vue il était devenu aveugle.

Jacob en profita certain jour, et excité par sa mère, il se fit passer pour *lainé* en se couvrant d'une peau de mouton afin de tromper son papa et en recevoir la bénédiction à la place de son frère.

En apprenant ce qui venait d'arriver, Ésaü entra dans une colère bleue, brisa la vaisselle et aurait brûlé la cervelle à Jacob avec une cuillère à pot....

Si celui-ci ne se fut empressé de s'enfuir chez son oncle Laban, qui habitait alors Pontoise, en Mésopotamie.

Fatigué de sa course, Jacob s'endormit la tête moelleusement appuyée sur une pierre; il vit en songe une grenouille baromètre qui descendait son échelle se dirigeant vers l'eau, ce qui annonçait qu'il allait pleuvoir. Origine de l'échelle de Jacob.

Pour remercier la providence de lui avoir procuré ce songe, il emporta la pierre sur laquelle il s'était reposé afin de la faire monter sur une bague.

Aux portes de Pontoise, Jacob rencontre Rachel, fille de Laban, qui gardait un troupeau. Il en devient amoureux.

Il se rend ensuite avec elle chez son oncle Laban qui, tout en ne l'ayant jamais vu, le reconnaît à l'air *serein* de la famille.

L'autre fille de Laban se nommait Lia ; elle était l'aînée mais pas jolie du tout.

Jacob qui aimait Rachel obtint sa main. Mais Laban, vieux malin, qui voulait caser sa fille aînée avant la cadette, dans la crainte qu'elle lui restât pour compte, alla substituer Lia à Rachel dans la couche nuptiale.

Le jour venu, et tandis que Lia dormait du sommeil de la satisfaction, Jacob s'aperçut qu'il était volé.

A cette bienheureuse époque la polygamie était déjà en usage. Jacob se vengea en épousant Rachel. Il avait ainsi trouvé le moyen de n'avoir qu'une belle-mère, Mme Laban.

5
LOI

Logé, nourri, chauffé, éclairé et blanchi pendant quatorze ans chez son oncle Laban, Jacob devint très riche. Il résolut de retourner auprès de son père; à cet effet, il retira ses économies de la Caisse d'Epargne, chargea ses légitimes et leur progéniture d'alors et quitta ainsi Laban sans tambours ni trompettes.

Ayant appris en route, par les journaux, que son frère Esaü s'avançait à sa rencontre avec trois cents de ses fidèles serviteurs armés, il s'arrêta dans la plaine afin d'engraisser quelques-unes de ses brebis qu'il lui envoya pour le fléchir.

A la vue du présent, la rancune d'Esaü fond comme du beurre dans la poêle, il embrasse son frère avec effusion. Les petits cadeaux entretiennent l'amitié.

Joseph, l'un des enfants que Jacob avait eus de Rachel, était gâté par son père.

Ce qui excita tellement la jalousie de ses frères qu'ils résolurent de s'en débarrasser en le vendant à Mengin.

Joseph, quoique chez un marchand de crayons, n'avait pas une bonne mine.

Quand ils eurent bazardé leur frère, ils vinrent dire à leurs parents qu'en coupant de l'herbe pour ses lapins Joseph avait été dévoré par des taupes hydrophobes, et qu'il ne restait de son fils chéri que les clous de ses souliers.

A cette nouvelle, Rachel et Jacob poussèrent des cris à fendre du bois et pleurèrent tant que la Bièvre en déborda.

Fatigué de moudre journellement les airs: *Partant pour la Scirie, Tiens voilà Mathieu,* sur l'orgue à Mengin, Joseph partit pour l'Égypte où il entra au service de M. Putiphar.

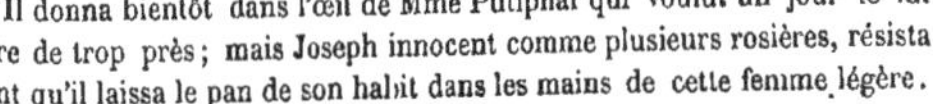

Il donna bientôt dans l'œil de Mme Putiphar qui voulut un jour le lui dire de trop près ; mais Joseph innocent comme plusieurs rosières, résista tant qu'il laissa le pan de son habit dans les mains de cette femme légère.

Pour se venger du dédain de Joseph, Mme Putiphar, furieuse d'avoir remporté une veste, raconta à son mari que si elle ne lui avait pas arraché quelque chose, son larbin l'aurait coiffé.

Mis en prison par ordre de son maître, Joseph se trouva en compagnie d'un marchand de coco puni pour avoir mis de l'eau dans sa marchandise et d'un boulanger qui fabriquait du pain avec du verre pilé.

Pour charmer les loisirs de sa captivité, Joseph écrivit le célèbre ouvrage : *La clé des songes*.

Pharaon, roi d'Egypte, en voyage à Paris, étant couché au Grand Hôtel, eut un rêve bizarre : il vit une cocotte qui flanquait une trifouillée à une autre, ça le troubla. N'ayant trouvé aucune explication dans la clé des songes, il fit venir Joseph.

Qui lui dit que ce songe annonçait que les vignes allaient geler, qu'il faudrait accaparer tout le vin qu'il y avait chez les vignerons pour le vendre ensuite avec de gros bénéfices.

Pharaon, qui était farceur, prononça ces paroles mémorables : C'est en vain que nous ferons fortune.

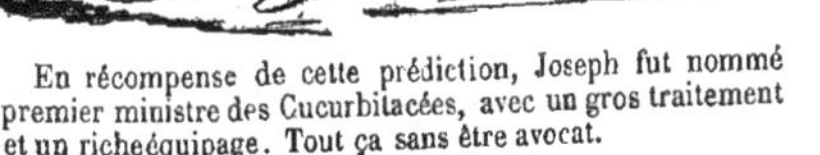

En récompense de cette prédiction, Joseph fut nommé premier ministre des Cucurbitacées, avec un gros traitement et un richeéquipage. Tout ça sans être avocat.

La prédiction s'accomplit, la disette de vin arriva ; la soif fut générale, tout le monde fut altéré, même la vérité, qui l'est encore assez souvent.

6
LA
B
OUR RIR
Par
LOI
PARIS
RIE DU MONDE PLAISANT
9, Rue de la Fidélité, 9
Prix : 25 centimes

Pressé par la soif, Jacob envoya ses fils en Égypte acheter du *picolo*. Tous partirent munis chacun d'un tonneau.

Excepté Benjamin, son plus jeune, qu'il garda près de lui, pour l'aider dans les soins du ménage.

Ensuite, il les laissa partir en emportant toutes leurs victuailles.

Les premières provisions épuisées, Jacob envoya à nouveau ses fils au ravitaillement, Joseph les voyant avec Benjamin les reçut avec
ie et leur donna une fête à tout casser. Pendant le bal, heureux d'être parmi ses frères, Joseph se fit reconnaître en enlevant son
ux piton.

Immédiatement, père Jacob reçut de son fils un télégramme l'invitant à venir de suite partager son bonheur.

A cette nouvelle, Jacob boucla sa valise, prit son pépin des grands jours et se rendit à la gare pour y prendre le train de marée.

Quelques heures après, Jacob serrait sur son cœur Joseph son fils bien aimé.

Ce dernier présenta ensuite son papa à S. M. très puissante le roi Pharaon qui le décora sur le champ de l'ordre de la Marmite de fer.

Et le nomma concierge de l'obélisque de Louqsor qui n'était pas encore sur la place de la Concorde. C'est dans cette fonction que Jacob mourut à la fleur de ses 147 printemps.

Après s'être suffisamment engraissé au ministère, Joseph prit sa retraite et se livra à l'apprivoisement des crocodiles.

Joseph, à son tour, ne tarda pas à casser sa pipe. Ses frères profitèrent de l'occasion pour le faire empailler et le mettre sous globe, afin de le rendre immortel.

En Égypte, les enfants de Jacob avaient fait des petits qui multipliaient comme des lapins. Le successeur de Pharaon en conçut des inquiétudes, aussi les engagea-t-il dans les cirques pour faire des pyramides, espérant s'en débarrasser en les exposant à se casser les reins.

Prix : 25 centimes

Une femme Israélite du nom de Jocabed mit au monde un fils d'une beauté remarquable, qu'elle alla exposer sous une porte cochère.

Où il fut ramassé par Saint-Vincent de Paul.

On le baptisa du nom de Moïse, dont la traduction hébraïque signifie : *sauvé des os*.

Un jour, Dieu apparut à Moïse, on parla politique, et, après avoir longuement discuté, Moïse reçut l'ordre d'aller délivrer son peuple de la servitude des Egyptiens.

Il alla trouver le roi et lui fit part de la mission qu'il avait reçue de Dieu. Ce monarque le reçut comme un chien dans un jeu de quilles et refusa d'obtempérer aux ordres divins.

Moïse, furieux d'avoir été reçu de la sorte, fit à Pharaon toutes sortes de malices.

Commencement des plaies d'Egypte.

Puis il introduisit dans la salle à manger du Palais royal, une troupe de grenouilles très mal élevées.

Ensuite il lâcha dans la salle du trône une nuée d'insectes qui mirent S. M. en un piteux état.

La nuit, Pharaon était troublé dans son sommeil par une quantité de quadrupèdes qui lui faisaient de petites agaceries.

Survint après une grêle violente qui affligea les gentilshommes de la cour.

Dans la crainte de ne pas échapper à la contagion, les favorites du roi résolurent de quitter l'Egypte.

Pharaon épouvanté, consent au départ des Israélites.

Les Hébreux partent au nombre de 600,000, guidés par Moïse accompagné de son frère Aaron, rabbin en chef, et se dirigent vers la mer rouge.

Pharaon se repentant bientôt de les avoir laissés partir rassemble tous ses hommes pour se mettre à leur poursuite.

Les Hébreux, après une fervente prière que Moïse avait adressée à Dieu, passèrent la mer à sec. Les Egyptiens se lancèrent à leur poursuite, mais les flots se rejoignant, Pharaon fut englouti avec toute son armée, à l'exception du tambour-major.

Les Hébreux errèrent 40 ans dans le désert de Sur. Tous les soirs il y avait une pluie de victuailles assorties. C'est ce qu'on appelait la manne.

Prix : 25 centimes

Un jour, l'eau manqua, Moïse, sur l'ordre de Dieu, frappa la terre de sa baguette, et aussitôt une fontaine Lavasse apparut.

Le peuple israélite vivait dans l'anarchie. Moïse voulut en référer à S. M. Jéhovah qui lui accorda une audience sur le mont Sinaï. Il le reçut au milieu d'un brillant feu d'artifice et lui dicta une constitution.

Que Moïse écrivit, sur la pierre, le papier d'alors, pour la présenter au peuple.

Moïse étant resté 40 jours sur la montagne à conférer avec son patron, les Hébreux dans l'inquiétude, désespérant de le revoir, s'adressèrent à son frère Aaron et l'adjurèrent de leur faire des dieux visibles. Aaron en fit un à sa façon qu'ils se mirent à adorer et qu'on adore encore aujourd'hui avec ferveur.

Pour conserver les tables de la loi, Moïse commanda à son charron un temple conforme au plan que Dieu, le grand architecte de l'univers, lui avait tracé.

Fatigués d'habiter le désert, où ils séjournaient depuis 40 ans, les Hébreux résolurent de pénétrer dans le pays de Cocagne et déléguèrent alors un espion chargé par eux d'explorer les environs.

Peu de temps avant sa mort, Moïse eut la satisfaction de pouvoir admirer ce beau pays à l'aide d'une longue vue qu'il s'était procurée.

Josué, un vieux brave, succéda à Moise, il continua sa marche à la conquête du Cocagne. A la tête de son armée, il traversa le fleuve du Jourdain à pied sec sur un pont de bois.

Il lui fallut aussi traverser Jéricho, ville entourée de fortes murailles, les Jérichochiens voulurent s'y opposer, alors Josué les bombarda avec une batterie de mirlitons qui firent merveille, les murs s'écroulèrent et les habitants terrifiés se trouvèrent sans défense.

Après cette victoire, il eut maille à partir avec les Chananéens; Josué ayant appris qu'ils s'avançaient à sa rencontre, fondit sur eux et leur administra une véritable tripotée.

Sa besogne n'étant pas entièrement achevée et craignant de ne pouvoir la terminer avant que la nuit soit venue, Josué empêcha le soleil de se coucher à son heure habituelle.

Après ces hauts faits, il fit son entrée triomphale dans la bonne ville de Cocagne.

Les peuples voisins, sans doute jaloux du bien être des Hébreux leur firent subir diverses dominations, les malheureux Israélites ne se la coulèrent pas douce et les Moabites les tinrent longtemps soumis à un régime rigoureux qui les affaiblit.

Gédéon successeur de Josué les en délivra.

Profitant d'un bon moment, il attaqua l'ennemi, par derrière avec de l'artillerie de gros calibre et le fit évacuer.

9
LE
LOI
OUR RIRE
Par
Lavrate
PARIS
LIBRAIRIE DU MONDE PLAISANT
9, Rue de la Fidélité, 9
Prix : 25 centimes

Les Israëlites gémissaient sous le joug des Philistins, lors-
e Samson naquit. Celui-ci était doué d'une force prodi-
use qui résidait dans sa chevelure. Étant jeune encore,
lion s'élança sur lui pour le dévorer, il le prit par les
tes et le tua comme un simple lapin.

Il résolut d'employer sa force pour se venger des ennemis de sa nation. Un jour il prit 300 renards et leur attacha des torches enflammées à la queue, les lâcha ensuite dans les champs des Philistins où ils incendièrent les récoltes. La légende ne dit pas si ces renards étaient des canards.

Les Philistins terrifiés des tours que Samson leur faisait, ne cherchaient qu'une occasion pour se débarrasser d'un si terrible ennemi. Une fois, profitant de son sommeil, ils le ficelèrent comme une andouille, et crurent s'en rendre maître. Mais à son réveil, Samson brisa ses liens et ramassant une mâchoire d'âne égarée, il brûla la cervelle à un mille de ses ennemis.

Une autre fois, il était allé prendre un bock à Gaza, les Philistins fermèrent les portes de cette ville, mais Samson enleva la porte et le portier qui lui avait refusé le cordon pour les transporter sur le mont voisin.

Samson eut l'imprudence de révéler à sa connaissance Dalila que sa force était dans ses cheveux. Celle-ci, jalouse, les lui coupa pendant son sommeil, et moyennant finances elle le livra aux Philistins qui lui crevèrent les yeux. Privé de sa chevelure, Samson trouva un cheveu à ne plus pouvoir avoir de démêlés avec ses ennemis.

A mesure que ses cheveux repoussèrent ses forces revinrent, profitant de ce que les Philistins banquetaient dans une immense salle, il s'y introduisit et la fit écrouler, aplatissant avec lui 3.000 de ces mécréants.

Pour succéder au grand rabbin, Hélie qui s'était démoli le crâne en tombant d'un omnibus, Dieu jeta son dévolu sur le jeune Samuel, sacristain de la Cathédrale.

C'est à cette époque que vivait un pauvre diable doué d'une patience évangélique, nommé Job. Il logeait sur un tas de fumier et passait son temps à se faire dévorer par toutes sortes de petites bêtes.

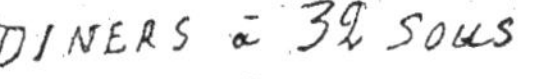

Dieu, pour le récompenser des maux qu'il avait souf-
ferts et pour lui rendre la santé, l'abonna au restaurant
à 32 sous, café et eau de seltz compris.

Sur la présentation du rabbin Samuel qui était devenu
prophète et qui était au mieux avec le père Bon Dieu,
Saül, un des beaux hommes de ce temps-là, fut proclamé
roi d'Israël aux acclamations de tout le peuple assemblé.

Bataille de Galaad. — Secondé par son fils Jonathas qui composait l'avant-garde à lui tout seul, Saül fit une grande charcuterie de Philistins.

Une araignée qui s'était logée dans le plafond de ce monarque le faisait mettre dans de violentes colères qui le rendaient inabordable. Ses médecins conseillèrent de faire de la musique pour calmer S. M. On plaça près de lui le jeune David, très fort sur l'accordéon, pour jouer sur son violon le quadrille des lanciers.

Nota. Demande pardon au lecteur de ne lui représenter que la moitié de l'immense géant, le papier est trop petit,

Sur ces entrefaites les Philistins déclarèrent la guerre aux Hébreux. Dans leur armée se trouvait le géant Goliath, qui, armé jusqu'aux dents, avait le courage de provoquer au combat les hommes sans armes.

Suite de Goliath.

David, habile sur l'art du chausson, accepta la provocation de ce redoutable géant, et d'un coup de pied lancé d'une main sûre, il l'étendit à terre et profita de cette occasion pour lui trancher la tête.

10
LOI
PA
DU
AISANT
Rue de
Prix : 25 centimes

Qu'il alla offrir à Saül pour lui faire un pot à tabac.

David déposa la tête aux pieds de S. M., qui lui accrocha illico sur la poitrine la décoration de l'œuvre du *Carafon de Rome.*

Le vainqueur de Goliath est porté en triomphe par les Hébreux qui dansent en chantant les airs de la *Mère Angot* d'alors.

Saül devint tellement jaloux du succès de David qu'il lui voua une haine implacable et le poursuivit sans relâche, les armes à la main.

Pour échapper à cette fureur insensée, David dut se réfugier dans un endroit où il n'y a ordinairement place que pour un seul.

La guerre entre les Hébreux et les Philistins recommença; Saül, à la tête de son armée, campa sur le mont Gelboé d'où les Philistins le délogèrent, il battit en retraite en mauvais ordre et perdit ses fils.

Désarçonné par son cheval et se voyant près de tomber au pouvoir des ennemis, Saül se passa son épée au travers du corps, son larbin imita son exemple.

David composa sur cet événement une complainte de 99 couplets.

A la mort de Saül, David devint roi et s'éprit des charmes de la belle Bethsabée, épouse d'Urie, son capitaine d'état major, à qui il l'enleva.

Pour récompenser Urie des soins tout particuliers que lui prodiguait sa femme, David le nomma colonel du régiment du royal Cornard.

Il prit un jour à David la fantaisie de déménager l'arche de Dieu. la posa sur un chariot et se mit à la tête du convoi, en exécutant à cet effet une musique harmonieuse et en chantant les *Louanges du Seigneur*.

Ce roi, qui sacrifiait aux muses, allait la nuit s'asseoir sur un nuage en face de la lune pour composer des cantiques libidineux célébrant les charmes de ses 75 douzaines et demie d'épouses plus ou moins légitimes.

Absalon, fils de David, trouvant que son papa était depuis trop longtemps assis sur le trône, s'insurgea pour l'en faire descendre. Il fut vaincu et prit la fuite dans la forêt de Sénart, où sa monture emportée le laissa suspendu à une branche par la crinière de son casque. Un soldat lui plongea sa zagaie dans le cœur.

Quoique vieux, David aimait toujours la chair fraîche, il prit à son service la jeune cocotte Abisag, qui lui réchauffait les pieds, faute de mieux. — Ce fut elle qui lui ferma les yeux.

Un si grand monarque méritait bien de passer à la postérité.

11

Prix : 25 centimes

A la mort de David et après avoir décerné le premier prix de sagesse à Salomon, Dieu le nomma roi et juge de paix de Jérusalem.

Le premier acte de sagesse de cette majesté fut de recommander à Bénéja, son boucher ordinaire, de faire asseoir, sur le paratonnerre de sa villa, son frère Adonias pour s'être épris de la jeune Abizag la réchauffeuse paternelle.

La Cour de ce vertueux monarque était des plus licencieuses et des plus fastueuses.

S. M. se livrait à un jeu effréné en compagnie des grands dignitaires de l'État.

Deux dames qui habitaient la même maison n'étant pas d'accord sur la possession d'un lapin

En référèrent au juge Salomon, qui, après s'être gratté la toque, fit dépouiller l objet du litige, partagea la peau à chacune des plaignantes et garda pour lui la viande

Qu'il porta, à son cuisinier en lui disant : Voilà un lapin que je viens de faire sauter à deux dames, à ton tour, fais le sauter aux champignons.

Salomon, sur l'ordre de Dieu, fit bâtir un temple dont la renommée s'étendit sur toute la terre ; de tous les pays on s'y rendait en pélérinage.

Salomon possédait soixante-quinze douzaines et demie d'épouses de toutes provenances ; chaque soir, après la retraite, l'eunuque en chef faisait l'appel pour s'assurer que toutes étaient présentes.

Salomon ne se contentait pas de ce régiment de plus ou moins de légitimes.

On fait assavoir que S. M. Salomon à perdu sa sagesse, les personnes qui l'auraient trouvée sont priées de la rapporter au concierge du Palais-Royal. Il n'y aura pas de récompense .Qu'on se l' dise!

A la mort de Salomon, son fils Roboam lui succéda. C'était un roi fainéant, on le représente toujours armé et l'on prétend que s'il eut trouvé un plus paresseux que lui il l'aurait tué.

Fatigué de ce mannequin inutile, le peuple se soulève et force ce triste sire à abdiquer.

12
LA
BIBLE
POUR RIRE
Par
Lavrate
LOI
PARIS
LIBRAIRIE DU MONDE PLAISANT
9, Rue de la Fidélité
Prix : 25 centimes

A la mort de Roboam, Jéroboam, son fils, vint s'asseoir sur le trône. C'était un drôle de pistolet pas mal débauché.

Par un mauvais exemple, ce monarque pêcheur entraîna tout le peuple d'Israël à pêcher, malgré le seigneur.

Ce fut pendant ce temps-là que Sésac, roi d'Egypte, envahit le territoire israélite et pilla Jérusalem.

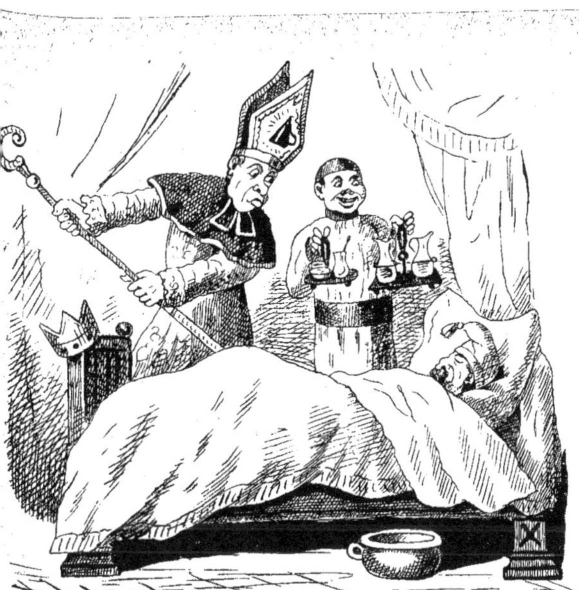

Malgré sa conduite peu méritoire, Jéroboam mourut après avoir reçu les sacrements de l'Église, avec accompagnement de bénédictions épiscopales.

Il fut remplacé par son fils Abias, dont la conduite laissait beaucoup à désirer.

Asa eut à soutenir une guerre contre le roi d'Ethiopie, qui lui avait cherché une querelle d'allemand. Il remporta la victoire, grâce à une charge à fond exécutée par le régiment des cornards.

Asa mort, son fils Josaphat lui succède. Ce monarque, comblé de richesses, était économe au point de tremper sa soupe avec du bouillon d'œufs à la coque.

Par économie, il fit alliance avec Achab, roi de Jésabel, pour combattre les Syriens. Ce roi accorde à Joram, fils de Josaphat, sa fille Athalie en mariage et la lui expédie après l'avoir époussetée et badigeonnée.

Jamais on n'avait vu fête pareille, ce fut une noce épatante

Au combat de Ramoth de Galard, Dieu permit (?) qu'un obus chargé de haricots rouges pénétrat dans le dos d'Achab et lui éclatat dans la poitrine. Ce prince en perdit la tête. On la cherche encore.

Josaphat après avoir miraculeusement échappé à la mort fit urler des *Te Deum* dans toutes les églises de son royaume.

13
BIBLE
POUR RIRE
par Lavrate
LOI
Prix : 25 centimes

Achab surpassa en cruauté tous ses prédécesseurs. Il prenait un grand plaisir à torturer bêtes et gens.

Un vigneron nommé Naboth possédait un petit lopin de terre qui convenait à Sa Majesté, celle-ci voulant l'acquérir dans les prix doux, fit accuser Naboth de nihilisme, et la haute cour le condamna à mort.

Achab le fit fusiller puis confisqua ses biens à son profit.

Joram, fils de Josaphat, s'affubla des oripeaux de la royauté et coiffa la couronne à papa.

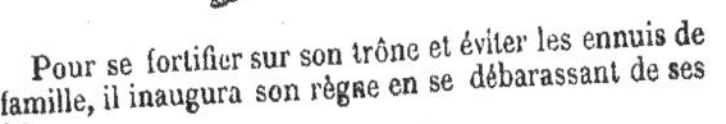
Pour se fortifier sur son trône et éviter les ennuis de famille, il inaugura son règne en se débarassant de ses frères.

Athalie, son épouse, établit à Jérusalem le culte de Baal. Si ce dieu avait eu la fantaisie de fabriquer des créatures à son image, elles auraient eu une drôle de balle.

Sous l'influence des touchantes prières de sa moitié, Joram se décida à adorer cette divinité d'occase.

Papa éternel, peu content de ce farceur, chargea son prophète Elie de lui annoncer que, pour le punir, il allait susciter un bouleversement dans ses états et dans sa personne.

La tribu des Krokankroumirs se souleva demandant l'abolition des octrois et se mit en révolution.

Ce qui en causa une dans les entrailles de Sa Majesté et la fit tellement aller jour et nuit qu'elle y succomba.

Le prix du papier augmente.

Ochosias, digne fils d'un tel père, élevé dans l'impiété et le mépris des gendarmes, monta sur le trône. Il suivit les mauvais exemples paternels et se livra à l'absinthe et au dévergondage.

C'est sous le règne de ce triste sire que le roi d'Assyrie mit le siège devant Samarie avec l'intention de raser la ville, mais ce bon prince, pris d'un sentiment d'humanité, ne rasa que les habitants.

A la suite d'une querelle de jeu, après une partie de piquet, où chacun s'accusait d'avoir triché,

Ochosias eut un duel avec Jehu, roi d'Israël, qui l'embrocha comme un dindon.

A la mort de son fils, Athalie prit les rènes du char de l'état, elle avait sacrifié au désir de régner tous les enfants de ce prince. Au fur et à mesure qu'ils venaient au monde, elle en faisait des chinois qu'elle expédiait à la mère Moreau.

14
LA
BIBLE
POUR RIRE
Par
LOI
PARIS
LIBRAIRIE DU MONDE PLAISANT
9, Rue de la Fidélité, 9

Seul, Joas échappa au bocal; enlevé de son berceau par Madame Josabeth, épouse d'un évêque qui le baptisa du petit nom d'Éliacin et qui guida ses premiers pas.

Il lui donna une instruction religieuse soignée, il passait son temps à brûler de l'encens sous le nez des vierges qui avaient vécu en saintes.

Athalie, soupçonnant Eliacin, qu'on élevait secrètement, d'être l'enfant qui lui avait été escamoté, partit un jour en grand apparat vers le séminaire pour interroger le jeune néophyte.

Après lui avoir posé plusieurs questions, elle lui demanda gracieusement :

Mais de vos premiers ans, quelles mains ont pris soin ?

Joas, qui était avancé pour son âge, lui fit cette réponse :

Dieu laissa-t-il jamais ses enfants au besoin ?
Aux asticots il donne le fromage,
Et le biberon aux enfants en bas âge ! !

Joïada, évêque et professeur de Joas, forma avec les séminaristes une garde du corps chargée de veiller à la sûreté du jeune Eliacin, dont Athalie menaçait les jours, parce qu'il était appelé à régner.

Sur les ordres du grand sacrificateur Jéhoja lah, Athalie est mise à mort par le peuple.

Alors Joas, qui venait de faire sa première dent de sagesse, fut pompeusement conduit à son palais après avoir été couronné roi.

Une fois sur le trône, Joas ne s'occupa jamais des affaires publiques, il s'en rapportait à son premier ministre, un homme capable de tout.

Ce ministre fut le premier poseur des troncs dans les églises. On les a toujours conservés, ayant trouvé l'invention des *troncs bonne*.

Comme ses prédécesseurs, Joas se débaucha en avançant en âge. Un jour, le peuple fatigué d'être gouverné par un monarque sans conduite, le plongea dans un tonneau de mélasse. Quand on voulut le retirer, il était mort.

Ezéchias lui succéda. C'était une majesté d'une piété exemplaire, qui ne quittait jamais le confessionnal.

Cette dévotion plut à Dieu, qui le protégea en lui envoyant un ange chourineur qui tout *seul*, en une seule nuit, extermina l'armée assyrienne qui avait attaqué Ézéchias;

Un *seul* factionnaire échappa au massacre, il ne restait pas un *seul* caporal pour le relever, on ne sait s'il attend encore; en tous cas, privé de guérite, il est toujours *soucieux*.

Manassès, fils d'Ezéchias, prit la suite des affaires, son règne est marqué par l'impiété. A la suite du meurtre du prophète Isaïe, il fut emmené en prison à Babylone.

A l'expiration de sa peine, devenu vieux, il se fit ermite et s'administra des corrections, espérant obtenir la rémission de ses fautes par la pénitence.

15
LOI
Prix : 28 centimes

Sous lerègne de ce prince charmant, le roi de Babylone, Nabuchodonosor, envoya le général Holopherne, un mouton pour les dames, un lion pour les ennemis, camper avec son armée devant les murs de Béthulie, pour assiéger cette ville.

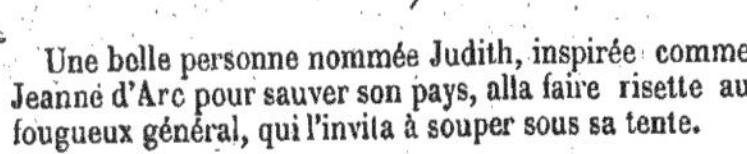

Une belle personne nommée Judith, inspirée comme Jeanne d'Arc pour sauver son pays, alla faire risette au fougueux général, qui l'invita à souper sous sa tente.

A la suite de copieuses libations et . . . . Holopherne s'endormit du sommeil de la concupiscence satisfaite. Judith guettait.

Au premier ronflement du dormeur, Couic !! elle lui coupa le cou d'un coup de coutelas.

Et emporta la tête à Béthulie, où elle fut exposée dans un concours agricole.

Au réveil, les soldats, s'apercevant que leur général avait perdu la tête, s'enfuirent comme des fous en abandonnant la place. Le peuple juif était sauvé!

Selon les traditions monarchiques Ammon succéda à son père, c'était un roi très simple, il croyait que l'eau de Lourdes faisait repousser les cheveux.

Son valet de chambre, fatigué de servir cette majesté idiote, profita de ce qu'elle avait un gros rhume pour lui faire boire de l'eau de Lourdes en place de tisane des quatre fleurs. Le roi en mourut.

Pour ne pas déroger aux bonnes habitudes, Josias, fils d'Ammon, grimpa sur le trône à l'âge de 8 ans.

Ce précoce monarque créa une police des mœurs chargée de nettoyer la ville de Jérusalem, que son père avait laissé infecter par de vilaines créatures.

Josias mourut des suites d'une forte émotion qu'il ressentit dans une rencontre qu'il eut dans le bois de Méguiddo, avec Pharaon Néca, roi d'Egypte.

Cela ne changea rien aux rouages héréditaires: toujours après le père, le fils. Donc, Jonathas succéda à son père. N'ayant rien fait du tout, on n'a rien à lui reprocher.

Il fut dépossédé par le roi d'Egypte, qui plaça son frère Eliacim sur le trône, où il régna sous le pseudonyme de Joachim. Enlevé ensuite par les ordres de Nabuchodonosor et amené captif à Babylone, il y mourut.

Son fils Sédécias lui succéda. Après avoir tenté une insurrection contre le roi de Babylone, il fut arrêté. Celui-ci, lui fit crever les yeux. Obligé de se conduire seul, il fut exposé à une foule de désagréments.

Vue de Jérusalem après sa destruction par Nabuchodonosor.

Fin du royaume de Juda.

16
POUR RIRE
Par
LOI

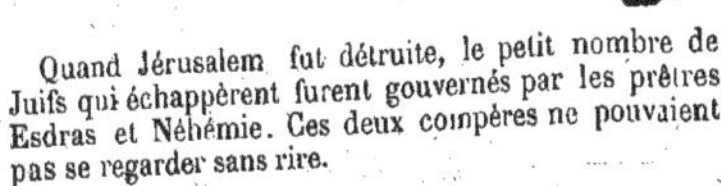
Quand Jérusalem fut détruite, le petit nombre de Juifs qui échappèrent furent gouvernés par les prêtres Esdras et Néhémie. Ces deux compères ne pouvaient pas se regarder sans rire.

Après avoir exercé la profession de prophète sous le règne d'Achab, Élie, se dégoûtant du métier, se retira à la campagne pour vivre avec économie. Le restaurant où il prenait pension avait des garçons peu ordinaires.

Il quitta l'établissement en oubliant de solder l'addition, et partit à Sarepta se faire encore nourrir à l'œil dans une pauvre gargotte.

Poursuivi pour le payement de ses dettes, Élie s'enleva dans un ballon après avoir souscrit à ses créanciers des billets à l'échéance du jugement dernier.

Son condisciple Élysée le remplaça dans l'art divinatoire, il exerçait sur les places publiques, où il épatait ses auditeurs.

Après cela, il se livra à la médecine, il eut le bonheur de guérir le général Naaman d'un rhume de cerveau en lui administrant le remède Dehaut en bas.

Le célèbre Jérémie, autre charlatan prophète, pleura pendant toute la durée du siège de Jérusalem sur les malheurs de sa patrie, qui ne faisaient pas son bonheur. Invention des Jérémiades.

Fatigués d'être sciés par ce sciant personnnage, les Hébreux le scièrent à son tour. D'un, ils en firent deux.

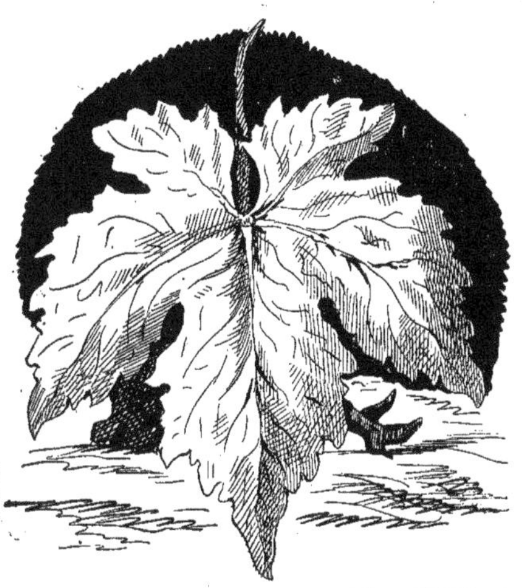

Pendant le siège, Ezéchiel, autre prophète, se chargea de consoler ses frères, mais il accorda la préférence à ses sœurs Oholla et Oliba.

Jetons le voile de la pudeur sur ces actes libidineux.

C'est sans doute pour punir ce prophète érotique que Dieu lui ordonna de manger certaines confitures pendant 30 jours.

Ezéchiel faisait sa cuisine lui-même.

Osée, voyant que le métier de prophète tombait dans le marasme, se fit photographe, spécialement pour effets de lune.

Amos et Baruch s'associèrent pour prédire l'avenir; en temps de foire, on les voyait toujours sur les lieux.

Habacuc, s'étant mis lutteur, se laissa emporter jusqu'à Babylone par son vainqueur.

Jadon n'eut pas de chance ; en allant à la pêche aux harengs saurs, il fut dévoré tout cru par un lion.

Michée, prophète sous les règnes de Jonathan et d'Echésias, fut précipité dans le dépotoir de Bondy, parce qu'il scandalisait la lune.

Le prophète Jonas s'embarqua pour aller sermonner les habitants de Ninive; à la suite d'une tempête il fut jeté à la mer au moment où une baleine qui flânait l'avala d'une bouchée.

Prix : 25 centimes

Heureusement qu'à la suite d'un naufrage, cette baleine avait ingurgité divers objets de première nécessité, entre autres une poêle. Jonas, qui avait des allumettes suédoises, fit du feu et utilisa la poêle pour faire frire les poissons que son hôtesse s'introduisait dans l'œsophage.

A l'odeur de la friture mêlée à celle du tabac, le cœur de la baleine se souleva; au bout de trois jours, Jonas débarquait sur le pont de Charenton en disant : *c'est assez !*

Parmi les Israélites captifs à Ninive, se trouvait un pieux personnage nommé Tobie; il aimait tellement à rendre service, qu'il se mit croquemort amateur, il se faisait un plaisir d'enterrer ses compatriotes de ses propres mains.

Un jour qu'il se reposait contre une maison, une bonne ui versa par mégarde le contenu d'un vase qui n'était pas estiné à mettre des fleurs. A son réveil, Tobie était aveugle.

Craignant sa fin prochaine, il envoya un beau matin son fils réclamer cent sous que lui devait Gabélus, qui demeurait à Ragès, en Médie. Le jeune Tobie partit accompagné de son chien et d'un guide.

Une fois sorti de la ville, le jeune Tobie, qui était économe, prit ses bottes à la main pour ne pas les user. Passant près du Tigre, il éprouva le besoin de se laver les pieds; pendant cette opération, un poisson comme on n'en voit plus se précipita sur lui. Tobie le tua, et sur les conseils de son guide il en fit de l'huile de foie de morue.

Le guide de Tobie avait à Ecbatane un oncle nommé Raguel, on s'y arrêta. Ce Raguel avait une fille, Tobie avait un cœur. Il tomba amoureux ! !

Raguel consentit au mariage et on fit la noce pendant 15 jours.

A son arrivée à la maison paternelle, Tobie fils prit une brosse de chiendent et frictionna les yeux de son père avec l'huile de son poisson, il recouvra la vue !

Le jeune homme qui avait accompagné Tobie refusa toute récompense. « Je me nomme Raphaël, dit-il, j'exerce la profession d'ange devant le Seigneur, qui m'a envoyé à vous. » Là-dessus il disparut pour aller reprendre ses fonctions primitives.

Après avoir emmené les Israélites prisonniers à Babylone, Nabuchodonosor choisit parmi eux quatre des plus gentils pour son service intime. Ce furent Daniel, Amasias, Mizaël et Azarias.

Pris d'une fantaisie royale, Nabuchodonosor voulut se faire adorer par eux ; fidèles à leur religion, ils refusèrent. S. M. en fit jeter trois dans la marmite des Invalides. On n'eut jamais un meilleur bouillon.

Daniel fut chassé du palais et placé chez un équarisseur, au milieu d'animaux *faits rosses*.

Portrait de Nabuchodonosor, d'après une photographie de Pierre Petit, opérant lui-même.

18
LA
BIBLE
POUR RIRE
Par
LOI
PARIS
LIBRAIRIE DU MONDE PLAISANT
Prix : 25 centimes

Deux vieillards libidineux poursuivaient de leurs propositions dévergondées la chaste Suzanne, jeune femme d'une honnêteté éprouvée, lorsqu'un jour ils parvinrent par ruse à avoir le bonheur de la contempler dans le plus simple costume.

Le prophète Daniel, rentré en grâce auprès du roi, ayant appris ce fait scandaleux, ordonna à son chirurgien de mettre ces érotiques personnages dans l'impuissance de commettre un délit quelconque.

Pendant une nuit agitée, Nabuchodonosor eut un songe si extraordinaire, qu'il appela auprès de lui les somnambules les plus lucides, qui y perdirent leur latin. Alors, il les chassa.

Daniel, soit qu'il fût plus malin ou plus lucide, rappela au roi qu'il avait vu en songe une statue qui le représentait.

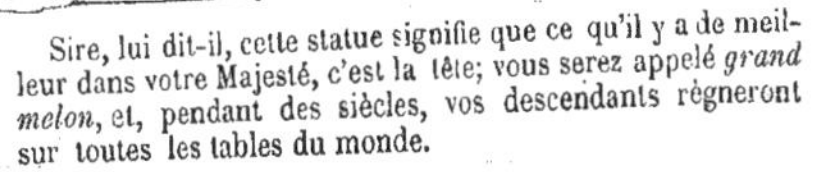

Sire, lui dit-il, cette statue signifie que ce qu'il y a de meilleur dans votre Majesté, c'est la tête; vous serez appelé *grand melon*, et, pendant des siècles, vos descendants régneront sur toutes les tables du monde.

Nabuchodonosor fut si satisfait de cette prédiction, qu'il combla Daniel de richesses et le décora de l'ordre du hanneton blanc.

Ce grand melon de monarque, atteint de lycantrophie, courait le loup garou. Il y trouva la mort.

Après son décès, un artiste changea l'enseigne de l'établissement sur la façade du palais royal.

Evilmérodach adorait une idole nommée Bel, mais qui ne l'était pas.

Daniel convertit S. M. en lui faisant connaître et aimer le vrai dieu, celui de tout le monde.

Aussitôt, le roi tomba à genoux.

Balthasar, roi des Chaldéens, s'occupait fort peu de son royaume, car tandis qu'il était assiégé dans Babylone, il donnait à ses grues un festin devenu célèbre. Tout à coup, sur la muraille, apparurent trois mots mystérieux : Daniel, appelé de suite, les traduisit ainsi : Si tu ...

En effet, pendant ce temps, Cyrus, schah de Perse, assiégeait Babylone et faisait mettre l'Euphrate à sec pour le traverser sans se mouiller les pieds.

L'armée pénétra dans Babylone; de féroces soldats se ruèrent dans la salle du festin en poussant des cris *perçants*. Balthasar fut tué.

Cyrus prit sa place, et, pour continuer à festoyer, il se fit servir un verre d'absinthe par une odalisque des Batignolles.

Comme les monarques ont toujours quelques membres de leur famille à placer, Cyrus fit asseoir son oncle Darius sur le trône de l'empire des Chaldéens.

19
LOI
Prix : 25 centimes

Le Schah de Perse, Assuérus, que les Grecs appelaient Artaxercès, la longue main, parce qu'il avait la main gauche plus petite que la droite, pris de certaines ardeurs à la suite d'un souper, se fit annoncer Vasçti, la femme préférée, qui, voyant que son royal époux n'avait pas bu de coco, refusa net !

S. M. la répudia.

Pour la remplacer, il ouvrit un concours de rosières de tous les pays et il jeta son dévolu sur Esther, jeune Juive superbe et fille d'un capitaine des chevaliers de l'arc victime de la Compagnie P. L M.

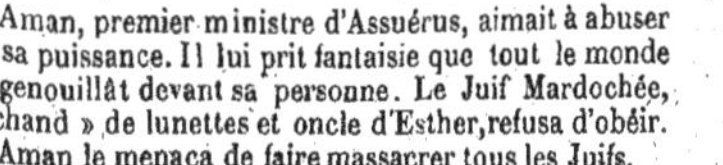

Aman, premier ministre d'Assuérus, aimait à abuser de sa puissance. Il lui prit fantaisie que tout le monde s'agenouillât devant sa personne. Le Juif Mardochée, « chand » de lunettes et oncle d'Esther, refusa d'obéir. Aman le menaça de faire massacrer tous les Juifs.

Instruite de cette menace, Esther, malgré la défense de se présenter devant S. M. sans y être appelée, bravant la consigne, vint se jeter à ses pieds; le roi, qui était bien luné, lui donna sa grande main à baiser et accepta de prendre le thé chez elle avec Aman.

Tourmenté par l'invitation de sa femme, Assuérus eut le repos troublé, il passa uue nuit très agitée pendant laquelle il se souvint que deux assassins qui avaient projeté de le tuer n'avaient pas réussi, grâce à Mardochée, qui les avait dénoncés.

A son réveil, Assuérus appela Aman pour qu'il lui indiquât comment récompenser un serviteur dévoué. Croyant qu'il s'agissait de lui, celui-ci conseilla au roi de faire promener triomphalement cet homme par un grand dignitaire de l'Etat, pendant les jours gras, dans les rues de Suze.

Aman fut chargé de faire exécuter cette promenade, il dut obéir, mais il n'était pas content.
Triomphe de Mardochée.

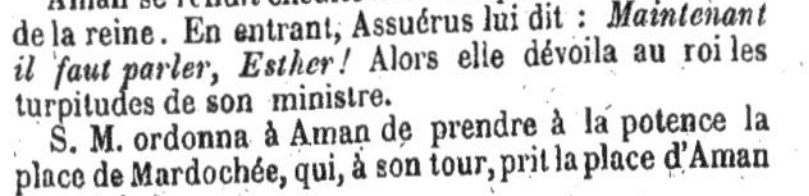

Aman se rendit ensuite avec son patron à l'invitation de la reine. En entrant, Assuérus lui dit : *Maintenant il faut parler, Esther!* Alors elle dévoila au roi les turpitudes de son ministre.

S. M. ordonna à Aman de prendre à la potence la place de Mardochée, qui, à son tour, prit la place d'Aman au ministère.

Assuérus mourut 424 ans, 2 jours et 23 heures 3/4 avant J. C., après avoir doté son pays de sages institutions.

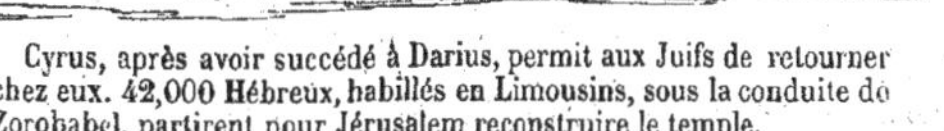
Cyrus, après avoir succédé à Darius, permit aux Juifs de retourner chez eux. 42,000 Hébreux, habillés en Limousins, sous la conduite de Zorobabel, partirent pour Jérusalem reconstruire le temple.

Séleucus, roi d'Egypte, envoya un nommé Héliodore à Jérusalem pour souiller le temple. Il fût arrêté à temps par le bedeau, qui lui infligea une verte réprimande accompagnée de sclague.

Antiochus Épiphane, frère et successeur de Séleucus, persécuta les Juifs en leur envoyant ses gendarmes pour les forcer à manger de la charcuterie. Le vertueux Éléazar opposa une vive résistance quand on voulut lui faire avaler une andouille.

Pour le punir, on le vendit à un charcutier qui le saigna pour en fabriquer du boudin, du fromage d'Italie et un paquet de couennes.

La mère Machabée entraina ses sept fils pour résister énergiquement contre les persécutions royales.
S. M. les fit prendre et livrer à un fondeur de suif qui en fabriqua de la chandelle.

20

Prix : 25 centimes

Le prêtre Mathathias et ses fils, à la tête des Israélites, précédés d'une musique qui jouait la scie : *Partant pour la Syrie* attaquèrent les Syriens et brisèrent leurs idoles pour établir le culte du Dieu d'Israël.

A la mort de ce digne prélat, son fils aîné, Judas Machabée, continua l'insurrection. Il volait au combat avec une telle impétuosité, que les trois généraux Syriens, Ptolémée, Gorgias, et Nicator, furent embrochés d'un coup.

Judas Machabée, après avoir chassé les Syriens, fit une entrée triomphale dans Jérusalem, dont il ne restait plus rien.

Désireux de venger les défaites de ses généraux, Antiochus acheta une armée dans un bazar pour partir en personne combattre les Hébreux.

Chemin faisant, pris de coliques atroces, il exhalait une odeur si insupportable, que ses soldats l'abandonnèrent sans lui laisser de papier.

Il renonça à son entreprise guerrière et fit placarder dans toutes les communes une ordonnance pacifique concernant les Israélites.

A sa mort, Antiochus laissa le trône à son fils, Eupator, qui n'eut pas tort de l'accepter, mais qui eut celui

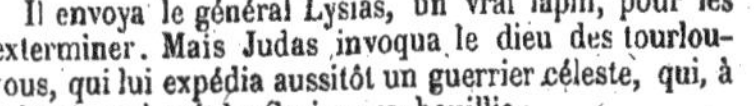

Il envoya le général Lysias, un vrai lapin, pour les exterminer. Mais Judas invoqua le dieu des tourlourous, qui lui expédia aussitôt un guerrier céleste, qui, à lui tout seul, mit les Syriens en bouillie.

Le frère de Judas, Éléazar, se couvrit de gloire à cette mémorable journée. Se glissant sous le ventre d'un éléphant artilleur, *sans défense*, il le perça de sa baïonnette ; le pachyderme en s'affaissant l'aplatit comme un beefsteak de restaurant à 22 sous.

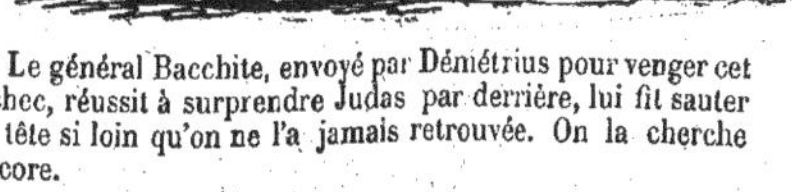

Le général Bacchite, envoyé par Démétrius pour venger cet échec, réussit à surprendre Judas par derrière, lui fit sauter la tête si loin qu'on ne l'a jamais retrouvée. On la cherche encore.

Après une série de combats, Jonathas, frère de Judas, vainquit Bacchite. Il provoqua Appollonius, général Syrien, qui l'avait appelé grand mufle. On se battit dans la plaine d'Ozoth, à l'épée..... de savoyard. Appollonius reçut une de ces râclées qui font époque dans la vie d'un homme.

A sa mort, Jonathas fut remplacé par son frère, le prélat Simon, homme simple et paisible, aimant le repos et la bonne nourriture.

Simon, assassiné par son gendre, eut pour successeur son fils Hyrcan; après avoir occupé la place pendant une année, il la céda à son rejeton, Aristobule, qui prit le titre de Roi, créa *l'Aristocrassie* et adopta cette prétentieuse devise : *Nec pluribus impar !*

La Judée tomba au pouvoir des Romains, le Sénat accorda le
rône à Hérode; ce monarque intelligent trouva que le plus sûr moyen
e se débarasser de ses ennemis, c'est de les massacrer, ce qu'il fit ; il
engraissa des sueurs du peuple. Sous son règne, naquit Jésus-Christ.

PARIS. — IMPRIMERIE BERNARD, 9, RUE DE LA FIDÉLITÉ.

www.ingramcontent.com/pod-product-compliance
Ingram Content Group UK Ltd.
Pitfield, Milton Keynes, MK11 3LW, UK
UKHW021101220726
13924UKWH00005B/2183